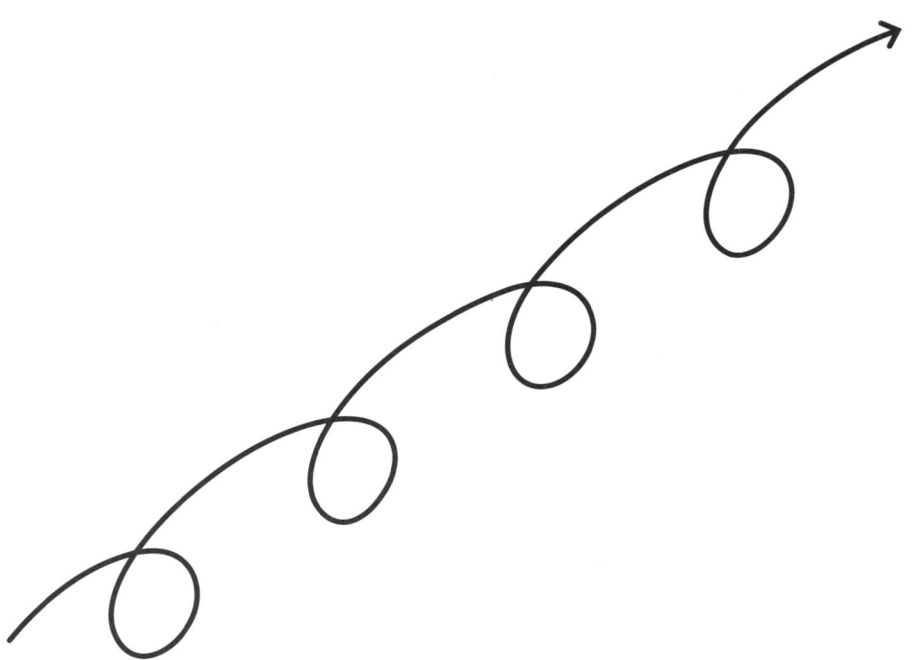

推荐语

达利欧的新作《国家为什么会破产》是一部振聋发聩之作。他用浩瀚的历史数据从世界和国家两个维度揭示了人类经济历史存在长期债务周期，提出了"一国存在债务极限，一旦管理不善，就有可能陷入债务危机，进而破产"的重要结论。达利欧进一步以他50年的在国际资本市场上的丰富经验，推导出债务形成和堆积的过程，探究其背后的运行机制，以深刻理解推动周期发展的因果关系。达利欧最后从债务/信贷/货币/经济周期、内部秩序和混乱周期、外部秩序和混乱周期、自然力量、人类的创造力这5个方面归纳出"整体大周期"的概念，并阐述了这些相互关联的驱动力如何共同作用，推动世界从"旧秩序"向"新秩序"演进。

一如他的风格，这本书观点明确，实事求是，数据翔实；其中的历史案例栩栩如生，市场回顾惊心动魄，机制分析抽丝剥茧，逻辑推演细密严谨，使人读来醍醐灌顶。

朱民
中国国际交流中心资深委员、国际货币基金组织原副总裁在当前这个百年一遇的历史转折点，达利欧先生的书以独有的表达方式、严谨的分析逻辑和少见的内容清晰度，向读者揭示了未来几十年极有可能出现的经济大变局、金融大崩盘以及治理大溃败。达利欧在这本书中为政策制定者、监管者和投资者指出了一条可行且相当明确的应对之道。这是一本投资者、监管者和政策制定者都不可不读的奇书！

高西庆
中国证券监督管理委员会原副主席

我和瑞·达利欧认识快 40 年，看着他创立的桥水基金从小公司发展成为全球最大对冲基金。瑞·达利欧总是能够找到事物之间的关联性和事物发展的内在逻辑。在《国家为什么会破产》里，他以独特的视角，通过大债务周期的演变，分析了国家的繁荣与衰退，阐明了过去 500 多年全球大国兴衰的规律，总结了国家因债务危机而破产的教训。这个分析视角很有启发性，我推荐大家看看这本书。

王波明
中国证券市场研究设计中心总干事

我与达利欧先生有过几次深入交流，在中国高层发展论坛上几乎每年都能见到他，听他的关于大周期的分享。《国家为什么会破产》是他多年的研究成果积累而成的内容全面、深刻、系统的专著，是一本非常值得大家研究和学习的好书，其中包括大周期理论的实践与对大历史的观察。实际上，经济繁荣和萧条的循环就是货币杠杆扩张和收缩的过程，也是达利欧先生在这本书中所讲的大债务周期。他几十年的观察研究和投资实践形成了精辟独到的见解与全面系统的理论体系，他实为金融投资界的思想者。

陈东升
泰康保险集团董事长兼 CEO

在新书《国家为什么会破产》中，瑞·达利欧以全球宏观投资者的视角，深入剖析了债务周期的运行机制和长期规律。通过对历史上出现的债务危机的系统研究，达利欧为我们提供了一个全新的框架，揭示了债务、经济和政治之间的复杂互动。他强调，债务问题不仅是经济现象，而且是影响社会稳定和国家治理的关键因素，因为债务管理能力直接反映了政府的财政纪律和政策制定水平。达利欧是当代投资领域的佼佼者，这本书结合了经验和理论，系统展示了他的深层思考，不仅为投资者提供了一份终极指南，也为政策制定者带来了重大警示。他的分析提醒我们，忽视债务周期的长期影响将导致严重的经济和社会后果。这本书为理解现代国家的经济挑战提供了重要的理论支撑，是研究国家治理和经济政策的必读之作。

郑永年

香港中文大学（深圳）公共政策学院院长、前海国际事务研究院院长

达利欧新作《国家为什么会破产》主要从大债务周期的视角探讨哪些国家会面临破产风险，以及债务危机的典型演进路径。在MMT（现代货币理论）框架下，国家财政与央行已密不可分。达利欧从多个维度分析了许多国家发生债务危机，出现资产泡沫、货币贬值的历史案例，其对当下如何应对全球性债务周期有很强的启发性。这本书还展望了步入AI时代的债务周期，尤其是对特朗普新政下的美债危机做了细致分析。第二次世界大战结束至今已有81年，长期和平必然造就前所未有的债务规模，这就注定某些国家将陷入破产境地，这本书为如何应对这一危机提供了可借鉴的方案。

李迅雷

中国首席经济学家论坛副理事长

在当下的全球政治经济格局下，达利欧的新书《国家为什么会破产》充满警示意义。他以全球宏观投资者的视角，通过对历史债务危机的系统研究，剖析了债务周期运行的机制和长期规律。他在书中的诸多剖析也在当下得到验证，尤其是美国的广泛举债正在潜移默化地推动全球秩序的变革与转向。这本书是兼具历史视野、现实洞察与人文关切的佳作，也无疑将为读者提供宝贵的参考，为读者未来的投资、事业、人生规划指引航向。

吴晓波
财经作家、巴九灵创始人

曾几何时，信贷自律是美德。然而，从 2008 年全球金融危机到欧债危机，再到新冠疫情后的经济复苏，经济刺激礼包似乎已经成为万能解药。遗憾的是，债务问题并未被解决，只是被推迟解决且继续"滚雪球"，进而演变成未来更大的问题。

如何避免债务危机？如何预测债务周期？如何逆势布局并从中获利？瑞·达利欧的这本书研究了过去 100 年的全球重大债务危机，结合他与全球顶尖经济学家、央行行长以及财政部长的政策讨论，最终总结出了由债务/信贷/货币/经济周期、内部秩序和混乱周期、外部秩序和混乱周期、自然力量、人类的创造力这五大力量相互作用而形成的整体大周期。这是一部结合定量与定性分析、充满历史背景和现实讨论、令人耳目一新的重要作品，为世界敲响了重大冲突与时代巨变的警钟。

刘倩
东西均公司创始人、经济学人集团大中华区前总裁

在如今这个全球宏观形势每月、每周甚至每天都在变化的时代，达利欧的分享尤显宝贵。毫无疑问，达利欧就是他所说的"最顶尖的那1%的人"。他有足够的阅历与成就取信于人。他创办了全球最大的对冲基金，终其一生都在研究全球的宏观变化。他在如今世界最大的两个经济体都有广泛的人脉资源网络和投资部署，他对这两个国家都有超乎常人的关心和理解。而这两个国家未来的竞争与合作会极大程度地影响全世界。

在《国家为什么会破产》中，达利欧进一步讨论了他在此前著作里已经有所涉及的话题，即债务危机和国家兴衰。这一次，他更加聚焦于货币与债务问题，在一个更长的时间尺度下研究了大债务周期如何对一个国家产生影响。对关心宏观经济和想知道

此刻我们正处于周期的哪一个阶段的人而言，这是一本相当值得阅读的书。

李翔

记者、作家、

《详谈》丛书作者、纪录片《激流》与播客《高能量》主理人

传统的分析框架往往忽略了经济行为最本质的驱动力——支出动机。在这本书中，瑞·达利欧提出的"价格＝总支出／总销量"的微观框架，揭示了货币流动性与资产泡沫的内在关联。在此基础上，他进一步提出"债务即货币，货币即债务"，所以央行的印钞能力决定了不同国家应对债务危机的方式。因此，对主权货币国家来说，债务危机，其实就是货币信用危机，而这些债务危机又会不断累积。瑞·达利欧把这个过程分成5个阶段，并指出了不同阶段中政府的标志性政策。这本书让债务／信贷／货币／经济周期、内部秩序和混乱周期、外部秩序和混乱周期、自然力量、人类的创造力这5个因素联动，提出了"整体大周期"理论，突破了传统经济学的边界。

这本书不仅具备学术著作的思维深度，还保有实战指南的工具价值。投资者可以根据书中阐述的债务的周期性演变，在复杂多变的全球市场中，把握宏观趋势。

温义飞
知名财经作家

世间万物都有运行的规律，经济也是如此。瑞·达利欧不只是一个顶尖投资者，在世界经济运行的规律方面也有非常深入的研究和深刻的洞见。在这本书中，他通过剖析美国、中国、日本等几个重要市场的大债务周期，犀利地总结出了债务危机从积累到爆发的几个阶段，并以此向世界发出呼吁和告诫：若不及时对当前的债务信号做出响应，其极有可能再次演变成导致国家破产和国际冲突的严重经济危机。对政策制定者、投资者、企业家，抑或是关切未来发展的人来说，这本书都将提供宝贵的指南与参考。

小 Lin
知名财经内容创作者

瑞·达利欧分析金融市场与经济的视角是杰出且超前的，这种智慧使他成为我们这个时代最伟大的投资者之一，并帮助他获得了丰厚的回报。这本书提炼了他的真知灼见，提供了应对当前危机的具体方法，对政策制定者、投资者和普通公民来说都是无价之宝。

劳伦斯·萨默斯
美国财政部前部长

达利欧为应对威胁我们繁荣的最大且最确定的隐患——迫在眉睫的债务危机，给出了解决方案。在理解市场和经济周期方面，无人能超越达利欧。他的这本新书是政策制定者以及任何想深入探究并学习的人的必读之作。这本书是人类的福音。

亨利·保尔森
美国财政部前部长

瑞·达利欧的每一部著作都值得投资者和政策制定者仔细研读。这本新书对当下最大的政策风险的判断堪称典范,它揭示了市场、经济和帝国兴衰的深层驱动力,并进一步丰富了达利欧本人的极具价值的宏观研究体系。

蒂莫西·盖特纳
美国财政部前部长

在这本书中,瑞·达利欧提出了至关重要的警告:国家为何会走向破产?这一历史性的危机将如何在美国上演?我们又该如何应对这场危机?针对这些问题,达利欧基于他的实践经验与数据分析提供了客观的、无政治倾向的解决方案。我希望,每一位立法者在投票支持增加哪怕一美元国债之前,都能认真研读此书。

玛雅·麦吉尼亚斯
负责任联邦预算委员会主席

评达利欧《国家为什么会破产》

洪灏

著名经济学家

达利欧是投资界备受尊崇的人物。我上一次为他颇具影响力的书——《原则》作序,还是在几年前。最近,他推出了新作《国家为什么会破产》。鉴于当前全球许多国家债务高筑的经济形势,这本书的问世恰逢其时。作为一位成功预测过重大金融危机的投资者,达利欧对主权债务危机领域的深入探讨值得我们认真关注。

《国家为什么会破产》的核心在于达利欧提出的"大债务周期"概念。这一理论框架认为,各国在积累巨额债务并最终面临危机的过程中,存在一种反复出现的模式。达利欧指出,债务周期通常始于健康的借贷阶段,此时信贷用于能产生未来收益的生产性投资,这一阶段能够推动经济增长与繁荣。然而,随着周期的推进,投资回报会让人贪婪,借贷往往会变得过度,进而导致资产泡沫和不可持续的债务水平的形成。这种过度杠杆化给经济体系埋下了隐患。

不可持续的债务必然会引发债务危机,其特征是经济收缩和金融困境。在此阶段,政府常常出手干预以缓解危机,而中央银行可能会采取印钞或实施量化宽松等非常规措施。虽然这些举措可能会在短期内缓解危机，但其也会引发长期挑战，包括货币贬值和通胀压力。债务周期最终会进入去杠杆化阶段，在此期间，债务水平会有所降低。达利欧区分了"和谐的去杠杆化"和"痛苦的去杠杆化"。"和谐的去杠杆化"采用平衡的策略，包括削减开支、增加税收、债务重组和货币宽松，将经济痛苦降至最低。相比之下，"痛苦的去杠杆化"则以违约、紧缩措施和长期经济停滞为特征。但无论如何，与加杠杆阶段相比，去杠杆化依然是一个痛苦的过程。

驱动这一周期的潜在机制包括信贷在现代经济中的关键作用、利率对借贷成本和资产估值的影响，以及投资者心理所产生的重要作用。在经济扩张时期，借款者和贷款者都容易过度乐观，这可能会导致不可持续的债务积累。这本书运用了一些简单的公式来模拟这些机制，试图为理解债务周期提供一个更具量化性和预测性的框架，以超越单纯的描述性分析。

《国家为什么会破产》中的分析，在很大程度上依赖历史证据。这本书研究了过去100年里的35个真实案例。这一历史视角旨在为"大债务周期"框架的普遍性提供实证支持。这些案例的选择标准以及对每个案例的分析深度，对于评估这一实证基础的可靠性至关重要。虽然书中并未明确列出所有研究过的国家，但反复提及美国、欧洲、日本等全球主要经济体。

这35个案例在不同经济体系和全球背景下的代表性，将决定达利欧结论的可靠性。重要的是，要考察这些历史案例是否充分考虑了不同国家中可能影响债务危机发展轨迹的独特的政治、社会和制度因素。将达利欧的历史分析与卡门·莱因哈特、肯尼斯·罗格夫等人的其他关于主权债务危机的著名研究进行比较，会产生有价值的对比视角。他们的研究也强调了金融危机在历史上的反复性。

达利欧利用这些历史案例来识别能预示债务危机的关键指标和症状。这些指标可能包括债务与GDP（国内生产总值）的比率、偿债成本、国家货币面临的压力、资本外流等。达利欧的框架的实际效用取决于这些指标作为政策制定者和投资者领先信号的可靠性。然而，我们也需要考虑在选择或解释历史数据时可能存在的"选择性偏差"——强调符合现有框架的例子，而忽视不符合的例子的风险。如果能够将历史证据进行全面且无偏见的呈现，那么分析和结论会更佳。

关于《国家为什么会破产》的大量信息表明，该书十分关注美国当前的债务状况。达利欧对美国目前的债务水平及其快速积累的速度表示担忧。他提出了一个危险的债务"死亡螺旋"，即不断增加借款以偿还现有债务，会导致更高的风险溢价和不断攀升的债务成本，进而形成一个自我强化的循环。不断上升的年度利息支付，加上需要以可能更高的借款成本展期大量债务，构成了重大风险。

美元作为全球储备货币的独特地位，是这一分析中的关键因素。虽然储备货币地位可能在一定程度上使美国免受典型的国际收支危机的影响，但达利欧可能认为，这并不能使其免于承受过度债务积累的后果。人们已经对美元主导地位可能受到挑战表示担忧,这可能会进一步加剧与美国高额债务相关的风险。达利欧对美国债务危机潜在后果的预测包括通货膨胀、货币贬值和经济停滞等情景。这些潜在后果凸显了理解和应对潜在债务动态的紧迫性。然而,我们也必须认识到,对于美国债务的可持续性,目前存在不同的观点。有一些经济学家认为,由于美国的经济规模、生产力以及全球对美元计价资产的持续需求,美国能够有效减轻债务负担。

除了对问题进行诊断,《国家为什么会破产》还提供了解决方案和政策建议。达利欧提出了"3%三部分"解决方案,旨在将美国预算赤字降至GDP的3%左右。这一目标被视为防止更严重的债务危机出现的关键一步。然而,这一解决方案的可行性和潜在影响存在争议。采取大幅削减赤字的措施,可能需要在削减开支和增加税收方面做出艰难的政治抉择,这可能会对经济增长和社会项目产生影响。达利欧可能是在强调,政策制定者和中央银行要积极应对债务问题,以避免更具破坏性的后果出现。然而,这些解决方案的有效性可能取决于每个国家特定的经济和政治背景。

达利欧的"大债务周期"框架,为研究主权债务提供了一个视角,强调历史模式以及经济、内部政治和地缘政治因素的相互联系。虽然债务周期的概念并不新颖,但达利欧试图基于大量历史案例研究,提供一个详细且有实证依据的框架,这是一项值得注意的贡献。他作为成功投资者的背景,为分析带来了务实的、以市场为导向的视角，这可能与纯粹的学术研究有所不同。将他的作品与其他著名研究（如莱因哈特和罗格夫的《这次不一样》）进行比较，我们会发现他们都强调了金融危机的反复性，尽管他们的具体方法和侧重点可能有所不同。

尽管达利欧的框架做出了贡献，但并非没有潜在的局限性。批评者会有一些不同的观点："周期"这一比喻可能过于偏向决定论，忽略了具体债务危机间的显著差异和独特情况；将历史模式应用于预测未来危机本身就具有挑战性，因为全球经济格局在不断演变；这本书明显侧重于美国，可能限制了其结论对其他具有不同经济结构和制度框架的国家的适用性；虽然选取的 35 个历史案例数量可观，但在代表性和潜在偏差方面可能会受到审视；书中提出的解决方案也可能会受到那些认识到主权债务危机往往涉及深层次政治和经济复杂性的人的质疑。

总之，达利欧的《国家为什么会破产》通过"大债务周期"框架，对主权债务危机进行了全面分析。这本书的优势在于其对历史模式的强调、对各种因素相互联系的考量，以及作者在金融市场中的丰富经验所带来的务实视角。对美国债务状况的关注，使这本书在当前全球经济背景下尤为具有相关性，而其提出的"3% 三部分"解决方案为应对这些挑战提供了具体的政策建议。总体而言，《国家为什么会破产》可能为应对这一关键的全球经济挑战提供了有价值且富有洞察力的视角，促使政策制定者、投资者以及任何试图理解国家债务动态的人展开重要的讨论。

债务：决定未来趋势的关键力量

时寒冰

知名经济趋势研究专家

国家为什么会破产？

这样的问题，如果在 10 年前被抛出来，那么恐怕会令许多人感到不合时宜。但现在，当美国对冲基金创始人瑞·达利欧先生提出这个问题时，人们已经能够普遍接受。因为，他看到的现实的确在朝着这个方向快速滑行。

适当的债务，是推动经济增长的有益力量。我们听过"既无内债，又无外债"的自豪的话，其实，从经济发展的角度来看，这种情况并不是一种好的状态。因为，它所对应的往往是经济的封闭与落后，就像瑞·达利欧在书中所言："债务/信贷增长过缓引发的问题，可能比债务过剩更严重——其代价会以错失发展机遇的形式显现。"

政府承担适度的债务，是能够促进经济发展的：债务用于基础设施领域，可以带动社会投资，激发经济活力；用于教育领域，可以促进优秀人才的培养；用于科技领域，可以促进科技进步，带动生产效率的大幅提升……

二战后，美国经济飞速发展，其中一个重要原因是，美国通过发债推动马歇尔计划和高速公路建设，加快了经济发展的步伐。美国不仅通过这种计划拯救了欧洲经济，也为自己的飞速发展和建立全球霸权奠定了坚实的基础。当时的债务占美国GDP的比例达到约120%，但它带来的是经济的高速增长，而经济高速增长又消化了债务。

适当的债务，推动各个领域的健康发展，实际上是在带来更多的回报。在这一点上，企业和居民的体会可能更为直接和深刻。比如，企业通过贷款购置先进的生产设备，实现制造能力的升级换代，可以更好地占领市场，赢得更高的回报。如果我们研究优秀企业的发展轨迹，就会发现，它们几乎都是借着债务的助推力量走向成功的，债务的杠杆效应帮助企业抢占先机，掌握主动权，更快地实现发展。

企业负债的目的相比于政府，要单纯得多。优秀企业对自身债务的管控，也往往能做得恰到好处。而政府缺乏这种能力，同时又具有无节制负债的动力和欲望，尤其是那些央行不独立的经济体，其政府的欲望可以最大限度地得到满足，它所带来的后果便是货币滥发，通胀失控，货币崩溃性贬值，陷入经济危机和金融危机。因此，央行独立性越差的经济体，爆发金融危机的风险也就越高，因为，由于对滥发货币的痴迷和依赖，权力无法受到有效制约。瑞·达利欧先生在书中强调："债务危机无可避免。纵观历史，只有极少数纪律严明的国家成功避免了债务危机。"

现在，很多人研究债务问题的时候，往往简单地关注债务的总量和经济体量之间的比值。其实，相比于负债的总额以及债务总额占GDP的比例，更重要的是债务结构问题。以美国为例，不创造财富的联邦政府是负债的主体，而创造财富的企业手中却握有巨额资金。对比一下，在国外的一些经济体中，不创造财富的中央政府负债很少，而创造财富的企业和居民却负债累累，几乎被债务压垮。那么，哪种债务结构更有利于经济增长？答案是显而易见的。

瑞·达利欧先生是以一位著名投资人的角度和经验来研究债务问题的。"所有债务危机都为投资者提供了投资机会，前提是他们了解这些债务危机的运作方式，并具备良好的原则来妥善应对。"

债务问题越来越成为决定未来趋势演变的关键力量，而这种趋势的变化，既能带来巨大的风险，也能带来巨大的机会。准确把握这种机会将能带来可观的投资收益。我想，这才是作者写这本书的重要目的。

现在，很多研究者所写的东西，经常为理论而理论，空洞无物，缺乏新意。瑞·达利欧先生写的这本书不故弄玄虚，不炒冷饭，而是基于对数据的认真研究和梳理，找出了债务与趋势之间的规律，让读者更深刻地理解债务对于一个经济体以及对于自身投资的重要性，从而更好地规划和调整自己的投资策略，以更好地顺应趋势的变化。这种务实的风格是非常值得赞赏的。那么，基于这种务实风格而来的《国家为什么会破产》，当然也是值得一读的。

在国家盈亏的时间表中定位我们自己

张笑宇

亚洲图书奖得主、"文明三部曲"作者

达利欧先生的读者当然对他的大历史著作《原则：应对变化中的世界秩序》并不陌生。但我觉得《国家为什么会破产》给我的启示，要比《原则：应对变化中的世界秩序》更多。

《原则：应对变化中的世界秩序》讨论了近代以来3个全球储备货币国家——荷兰、英国、美国的兴衰周期，中国人对于帝国兴衰周期律至少有2 000年的经验，对此并不陌生。然而，《国家为什么会破产》讨论的是国家债务的周期，而中国人对现代财政国家和债务周期的经验却只有100多年，也就是1880—1945年以及1978年至今。前一段是我们的过往和由来，后一段则是我们的当下和明天。如果一个人想从国家债务角度去理解中国100多年来政治秩序的大震荡与大重组，那么我相信达利欧先生的这本书可以提供很好的镜鉴。

达利欧先生在这本书中，把经济系统分为5个核心部分：

· 商品、服务和投资资产

・用于购买这些资产的货币

・为购买这些资产而发行的信贷

・通过信贷交易所形成的债务负债

・债务资产（实为债务负债的对应面）

我们来简单解释一下这5个核心部分：（1）商品和（2）货币很好理解——你拿现金购买了一辆车，交易完成，双方两清。用于购买车的现金是最基础的货币。在人类历史上很长一段时间，这些交易都不是靠主权货币完成的，而是靠天然货币完成的。达利欧把这些货币称为"硬通货"，如黄金和白银。

当你能保证硬资产交易可以持续进行时，你就有了新的能力：（3）发行信贷。你可以利用信贷在短期内获得远超支出的收入，但是你在未来需要以更高的支出偿还它。比如，一家造车厂拥有强大的现金流，它就有能力发行一笔信贷，从市场上借到一大笔钱增加短期收入。但是它知道自己早晚要还钱，所以会把这笔钱用来扩大产能，赢得更高的收益，这样对它和债权人来说就是皆大欢喜。本质上，信贷就是对未来的溢价交易。

当信贷诞生之后，我们可以就信贷继续进行交易，比如，这家造车厂融资后的股权、发行的债券或者上市后的股票，这就构成了达利欧所说的（4）和（5）。如今，任何一个现代经济体都包括以上5个部分，而且越是先进的经济体，（3）以上的部分占比就越大。这是市场更繁荣、交易更活跃的自然结果。

综上，我们是用商品提供者（造车厂）的视角来理解这5个部分的。好，现在我们把这个逻辑反转过来，用货币提供者，也就是主权国家的视角来重新看一遍这5个部分的演化，我们就能理解国家债务周期的逻辑了。

我们把国家想象成一个公司，它的产品是一系列公共物品，包括道路、水源、公立学校、负责维护公平的法律共同体、负责维护治安的警察队伍、负责维护和平的军队等。那么它的收入是什么？你第一时间想到的一定是税收。没错，自文明肇始之初，国家就学会了向民众征收"硬通货"，也就是实物物资（赋税）和劳动力（徭役）。因此，前现代国家的经济模式就是在它的产品和服务中维持平衡：如果它收税过高，提供的产品却不足，消费者（人民）就会采取内战或革命的方式抛弃它，寻找新的供应商。

但是，随着国家获得硬通货的能力提高，它就会发现自己也可以通过发行信贷（国债）在短期内增加收入（往往是为了应对战争）。这就是主权国家信用货币（纸币）的诞生：1694年，为了重建在比奇角海战中受损严重的皇家海军舰队，英国政府成立了英格兰银行来发行一笔国债，这个银行向国债持有者提供的票据就是纸币英镑。

也就是说，国家发现了一种新的、利润更高的产品：纸币。而且，国家会面临一种诱惑：既可以通过发行纸币盈利，又能垄断国境线之内的暴力使用权。那为什么它不用垃圾债券来抢劫债权人（国民）的财富，同时用暴力手段镇压债权人的抗议呢？的确，许多国家没有抵制住这种诱惑，如发行了金圆券的中华民国。但是想抵制诱惑的国家该怎么办？

英国的经验是采取3种办法：（1）有一个可以限制暴力使用权的民意机构（也就是议会）；（2）保证央行的独立性；（3）承诺主权货币与"硬通货"的兑换关系（也就是金本位）。当一个国家拥有这三大支柱时，我们就把它称为现代财政国家。

现代财政国家的权力相对于绝对君权国家的权力看起来缩小了，但实际上能力扩大了：政府因其信用能够发行更多信贷。在第二次英法百年战争中，英国正是凭着政府信用彻底战胜了法国，成为真正意义上的"日不落帝国"。

但是到了20世纪，以上三大支柱中的最后一个，也就是金本位崩塌了。这与两次世界大战有关：战争结束后，像英、法、德这样的欧洲强国政府也无法保证其纸币能够兑换黄金，而凯恩斯这样的经济学家也呼吁，一旦恢复金本位，经济有可能重新面临通货紧缩的风险，引发下一轮战争。最后，大家的解决方案是主要工业国货币挂钩美元，而美元挂钩黄金。但是，到1971年，美元也不再与黄金挂钩了。

自那以后，国家通过发行货币赚钱的"商业模式"就进入了一个新的时代。央行发行货币不再需要承诺兑换"硬通货"，而是可以随时通过加息或降息来调节货币供给，或者通过外汇交易来平衡汇率。换句话说，它既是裁判员，又是运动员。那么，此时国家就会面临一个新的诱惑：既然我的货币发行摆脱了"硬通货"的限制，我为什么不选择无底线地超发货币呢？

对这个诱惑的约束力量来自货币的产生和运行机制。从主权信用货币的历史中，我们已经可以看到，货币和债务本质上是一回事。而在一个经济体系中，主要的债务活动并不来自主权国家，而是来自市场中的各个行为者：年轻人需要借贷买房，企业需要借贷扩张，创新家需要借贷推广新技术。因此，1971年以前的央行把自己看作债务人，而1971年以后的央行则把自己看作做市商。债务人需要考虑的主要内容是债权，也就是如何偿还硬通货，但是做市商需要考虑的内容是利差，也就是关注货币资产的供给方和需求方之间的交易状况。但是，因为央行既是裁判员又是运动员，所以在短期债务下行周期通过逆周期操作鼓励借贷消费的诱惑总是更大。最终，债务及偿债支出还是会像恶性肿瘤一样持续蚕食实际购买力，逐步挤压正常消费空间。这就是长期债务周期的根本来源。

达利欧先生为国家债务周期画出了大致的时间表：短期债务周期一般持续6年（上下浮动3年），但是很多个短期债务周期最终会积累为约80年（上下浮动25年）的长期债务周期，也就是国家债务周期。自1945年以来，美国已经完整经历了12个短期债务周期，目前第13个周期已经过去了2/3。但是就长期债务周期来说，它正处在中后部分，最坏的时刻还没有到来。这一轮长期债务周期的各个阶段大致如下。

（1）1945—1971年，挂钩（硬通货）货币体系（MP0）。在这个阶段，美元挂钩黄金。

（2）1971—2008年，由利率驱动的法定货币体系（MP1）。在这个阶段，美元不再挂钩黄金，但利率、银行准备金和资本要求共同控制债务／信贷增长。

（3）2008—2020年，债务货币化的法定货币体系（MP2）。在这个阶段，泡沫破裂，私人部门过度借贷，遭受损失，并且难以偿还债务。为了进行救助，央行必须创造货币和信贷来购买投资资产。接到央行放水的人会赚得盆满钵满，接不到的人的债务状况会进一步恶化。

（4）实施协调型大规模财政赤字与债务货币化政策的法定货币体系（MP3）。在这个阶段，为了进一步救助那些债务状况恶化的人，央行必须进一步购买政府债务并承担损失，大量印钞并购入债务。

（5）大规模去杠杆化。这一阶段必须通过债务重组和／或债务货币化来大幅减少债务和偿债支出。如果成功，就会出现达利欧所说的"和谐的去杠杆化"；如果失败，那么央行可能被迫印制更多货币来偿还和购买债务，导致产生更多的亏损，进而陷入"死亡螺旋"。这可能引发大规模地缘政治危机。

（6）回归硬通货。大规模危机过后，国家将采取措施恢复货币和债务／信贷体系的稳健性，最终回归硬通货。

债务周期只是决定大国兴衰命运轮回的一个变量，还有4个重大变量分别是内战、国际战争、自然力量和科技力量。对照以上阶段我们可以看到，美国当下处在（3）和（4）的过渡，真正让人觉得难受的"去杠杆化"时间还没有开始。而如果这个"去杠杆化"过程中出了问题，那么我们才可能面对真正的大规模地缘政治危机，如内战或国际战争。

不过，美国的危机不代表美国无法从中得到恢复，也不代表其他国家一定会从中获利。在全球化时代，大国之间一荣俱荣、一损俱损，尤其是对在经贸关系方面与美国连接如此紧密的中国来说，央行创造货币和信贷的周期与美国基本上是同步的，甚至还早了一点儿。2008年，为了应对全球经济危机，中国政府也推出了4万亿经济刺激计划，以购入债务。2016年，中国央行的理智决策是，比美国更早开启去杠杆化周期。如果中国有可能实现"和谐的去杠杆化"，并比美国更早结束去杠杆化周期，那么我们可能会在中国身上看到远超预期的表现。

很多人用地缘政治对抗的视角来看待中美博弈，但如果从债务周期的视角来看，那么中美博弈在很大程度上可能是个时间差问题：哪一方更早实现"和谐的去杠杆化"，避免进入死亡螺旋，同时缓和其他四大变量中的内战和国际战争，并实现了科技突破，哪一方就可能会在大博弈中占据阶段性优势。大国不死，一时的输赢从长期来看只不过是优势阶段和劣势阶段的时间错位而已。

言归正传，达利欧先生这部书的最大意义正在于此：国家出于自己利益的考虑，一定会依赖发币赚钱；而它的行为模式一定符合周期规律，这不由它自己的意志决定。这个周期规律就像是航行中的指南针，可以帮我们在洪流中找到时间表，并进行自我定位。

投资本质上是一种在价格和价值的错配中获得利益的活动，一个投资标的的价值由其本身决定，但其价格经常由货币周期决定。在时间表的上行阶段，只要抓住货币扩张的大势，你就可以取得成功；但在时间表的下行阶段，如果你真能理解货币周期的定位，那么也可能能预判央行和各个行为体的行动，发现价格被情绪错杀的投资对象，从而实现盈利。

当然，我们还可以在达利欧先生理论的基础上展开对未来的想象：大债务周期结束后，主权货币会挂钩的"硬通货"可能是什么？是黄金、加密货币、工业品的制造能力，还是人工智能技术不断进步的前提——算力？如果未来的主权货币必须通过挂钩其中一种"硬通货"来提升信贷体系的稳健性，那么未来的社会会以怎样的结构运作？你现在的投资策略又该是什么？

无论你的答案是什么，我相信你的逻辑起点都可以从达利欧先生眼下的这本书开始。

理解大周期，
洞察国家兴衰的关键

陈鹏

晨星（Morningstar）全球高级战略顾问

在漫长的人类历史长河中，帝国的兴衰总是引人注目。我们见证过繁荣与衰败，也看过辉煌帝国在权力顶峰陨落。这些变化从表面上看似乎是偶然的，实际上却隐藏着深刻的规律。这些规律不仅关系到国家的命运，也影响着每一个个人、家庭和企业。瑞·达利欧的《国家为什么会破产》通过债务、生产力、货币政策和社会动态的互动揭示了这些规律，为我们理解历史与未来提供了宏大的框架。

瑞·达利欧是当今全球金融和经济领域中最具影响力的人物之一。他不仅是桥水基金的创始人，更是一个将经济理论与实际投资完美结合的实践者。作为长期研究金融市场表现的学者和投资人，我不仅从长期投资的角度深度认同达利欧的分析，还在他的"大周期"理论中找到了关于投资、决策和管理的实践智慧。

大债务周期的概念与重要性

大周期理论的核心在于揭示国家和经济体如何通过一系列可预测的阶段,从崛起走向顶峰,再到最终的衰退。瑞·达利欧将这个过程划分为 5 个阶段:稳健货币阶段、债务泡沫阶段、顶峰阶段、去杠杆化阶段和大债务危机消退阶段。每个阶段都有其独有的特征和动态,如生产力的提升、债务的累积、货币政策的变化以及社会内部矛盾的激化。

这一理论的重要性在于,它帮助我们理解了国家为什么会经历繁荣与衰退的周期性变化。更重要的是,它为我们提供了一种工具,以识别这些变化的早期信号并预测未来的走向。在全球化背景下,国家间的竞争和合作比以往任何时候都更加重要。无论是政策制定者还是普通读者,都可以通过这本书获得对全球经济和地缘政治动态的深刻洞察。

历史案例的深刻分析

这本书的一个显著特点是有大量翔实的历史案例分析。从美国的经济崛起,二战前后日本的经济发展,到中国 1980 年以后的现代复兴,瑞·达利欧用这些案例为大债务周期理论提供了坚实的证据基础。他不仅关注经济数据和政策,还深入分析了文化、技术、教育等因素如何共同塑造了这些国家的命运。美国的繁荣在很大程度上得益于二战后的国际秩序和美元的霸权地位,但近年来的债务危机和社会分裂也让我们看到了潜在的风险。

在 SBBI 年鉴中，我探讨过金融市场的长期表现及股票投资的核心理念。在分析股票、债券、票据和通胀的长期回报时，我们发现资产类别的表现与经济发展密切相关。在生产力增长阶段，股票市场通常表现优异；而在债务高企和货币贬值阶段，实物资产，如黄金和房地产，往往更具吸引力。例如，二战后的经济复苏与全球贸易扩张推动了股票市场的强劲表现，与生产力增长阶段高度吻合。这些市场行为与达利欧提出的大周期理论有着极高的契合度。通过这些案例，我们意识到历史并非简单的重复，而是充满了模式和规律。理解这些规律，不仅可以帮助我们看清过去，还可以帮助我们更好地应对未来。

当今世界的现实启示

在当今世界，大债务周期理论的现实意义尤为突出。我们正处于一个巨大的转型时期，全球经济和政治格局正在发生深刻的变化。瑞·达利欧指出，当前的全球化进程面临多重挑战：一方面是新兴市场国家（特别是中国）的迅速崛起，另一方面是老牌经济体（如美国和欧洲）的内部矛盾日益加剧。

今天，中国和美国——这两个世界上最大的经济体都处于重要的转型期，并在大周期的背景下，展开了深远的结构性改革。这一时期既充满挑战，也蕴含机遇。中国正努力减少对房地产的依赖，推动消费增长，追求高质量发展。利用大债务周期的理论，达利欧认为中国拥有相对较大的债务规模（这具有风险性），但其债务以本币计价（这缓解了风险），同时其外汇储备相对充裕（这也缓解了风险）。中国政府积极推动人民币国际化，让人民币在国际储备货币中的占比逐渐增加，会减轻中国债务的长期风险。

美国目前则是遵循"美国优先"的政策，试图通过提高关税，将制造业迁回本土，以实现经济结构的再平衡。瑞·达利欧特别分析了美国当前正处于一个大债务周期的"债务货币化阶段"，也就是政府利用债务货币化来大幅减少债务和偿债支出。美国当前债务的长期风险可控，但正处于可能迅速加剧的临界点。如果管理不善，政府债务的供需状况就会像癌症一样不断恶化，进入"死亡螺旋"。瑞·达利欧针对美国面临的债务问题提出了"3%三部分"解决方案——将预算赤字从约6%降低到3%，主要通过削减支出、增加税收以及降低利率，达利欧认为降低利率的影响最为显著。我个人认为，这个"3%三部分"解决方案的可行性有可能过于乐观：（1）如果我们加上各级地方政府的赤字，以及联邦政府对未来社保和医保的承诺，那么美国整体政府赤字预计远高于6%；（2）如果美联储采取降低利率的政策，加上美国政府正采取的"美国优先"政策，美债的吸引力就会大幅降低，这很有可能引起投资人（特别是海外投资人）对美债的抛售。就如我们在2025年4月刚刚经历过的，由于特朗普总统试图大幅提高关税，美国债券利率在几天之内大幅上升，进而让经济衰退的可能性提高。

尽管面临挑战，中美两国的结构性改革仍为未来的发展创造了重要机遇。通过借鉴达利欧的大周期理论，我们可以更好地理解这些改革的意义，并从中寻找发展和投资的方向。达利欧认为，无论对于中国还是美国，技术创新都将成为引领全球经济的核心动力。

对个人财富规划和投资的启示

除了国家层面的分析，这本书还为个人和企业提供了无数启发。在全球化的背景下，个人和企业的命运与国家和经济体的兴衰息息相关。个人应关注经济周期的动态变化，合理规划自己的财务和职业发展，通过多元化的资产配置来应对可能出现的经济波动。同时，这本书建议，当出现极端规模的债务货币化时，投资者不要持有政府债券。

结语

瑞·达利欧的《国家为什么会破产》为我们理解经济周期与结构性改革提供了一个极具洞察力的框架。在这一框架下，中美两国的改革不仅是应对短期挑战的必要选择，更是进入新一轮经济增长周期的关键。

无论您是政策制定者、企业家，还是投资者，这本书都能为您提供重要的启示。愿我们通过对大周期的理解，在复杂多变的世界中找到属于自己的方向。

我想在结尾引用我在 SBBI 年鉴中提到的一句话："历史不会重复，但同一类型的事件大概率会再次上演。"让我们通过阅读这本书，深入了解大周期的奥秘，为未来的挑战做好准备。

债的交锋和战争

代文超
远川研究所创始人（笔名"饭统戴老板"）

瑞·达利欧是全世界对债务周期研究最深刻的人，也是对此最有执念的人，他的新书《国家为什么会破产》再次证明了这一点。

2018年我第一次在上海见到瑞·达利欧，彼时他正在为他的另一部著作——《原则》做宣传，前来听他"布道"的金融领域人士挤满了梅赛德斯-奔驰文化中心。那次他演讲的主题是投资的原则，而当时舆论最希望他讲的话题其实是债务周期和"去杠杆化"。

那时的中国刚刚经历完从2008年开始的加杠杆大周期，企业、政府和居民部门不停接力，把中国的宏观杠杆率一路推高，银行、信托、券商、保险、互金轮番登场，或明或暗地给实体企业和居民部门灌进了"货币洪水"。达利欧到访上海的2018年，正是政府开始监管整治"金融乱象"的时候。

7年过去了，中国的杠杆率跌宕起伏，金融行业也历经沧海桑田。中国在地产等核心经济部门实现了"去杠杆化"，尽管这一过程比较痛苦，但还是排掉了中国经济中的一颗巨大的"地雷"。而达利欧当年对于"去杠杆化"的很多观点，尤其是关于"债务减记"的论述，得到了部分验证。

如今，达利欧在这本《国家为什么会破产》中给出了一个更大的预判：全球债务周期正逼近拐点时刻。

这不是达利欧第一次提出"醒世恒言"。早在1982年，美国陷入了阶段性的经济衰退时，他就认为"奇点时刻"已经到来，用大量头寸来押注债务的崩盘。而在前往美国国会做证时，当年头发浓密的达利欧发表了"我们庞大的债务规模意味着这场萧条将和20世纪30年代一样严重，甚至更糟"的观点。

然而，这次预测最后让达利欧栽了大跟头，使公司差点儿破产，原因是时任总统里根和美联储主席保罗·沃尔克对当时的美国经济进行了纠偏。在20世纪80年代，美国的债务总量虽然继续增长，公众持有的债务在1993年达到了GDP的48%左右，高于1980年的25%，但是美国最终成功战胜了滞胀，并用一场温和的经济衰退给"里根—布什执政周期"画上了一个相对圆满的句号。

随后，PC（个人计算机）浪潮和互联网革命接力，成功把美国经济推向了20世纪90年代的繁荣。税收激增加上冷战终结的和平红利（国防开支大幅度削减），使美国政府的预算在1998—2001财年出现罕见的盈余，这些盈余缓解了债务规模的增长。到2001年，公众持有的美国政府债务已降至GDP的31%左右，基本上抵销了20世纪80年代的大部分增长。

这次失利让达利欧反思并全面迭代了自己的研究体系，包括招募更多高水平的研究人才、梳理更多第一手数据（如对历史债务数据的"标准化")、扩大研究的时间范围等。保罗·沃尔克曾经评价桥水对经济细节的把握能力令人震惊，认为其拥有比美联储更多的人才、数据和成果。

达利欧会把之前忽略的研究变量纳入自己新的研究体系。例如，他在视频"经济机器是如何运行的"中提出"虽然债务会影响短中期的经济波动，但技术创新驱动的生产力增长才是长期繁荣的决定因素"。而在《国家为什么会破产》里，他把"科技力量"放在了5个"决定国家兴衰的主要力量"里。

因此，我们有理由相信，在当下时点，达利欧对大债务周期拐点的判断值得所有人重视。

债，是人类的伟大发明，贯穿我们几千年的文明史。它是一把双刃剑，合理和克制地利用"债"这个工具可以推动经济的稳步增长，现代国家更是离不开这一繁荣的助推器；但是如果过度使用甚至依赖、沉迷，债务就会埋下衰落的种子，文明史上无数的案例早已证明了这一点。

大部分国家的债务曲线最终都会走向一个急剧陡峭的斜率，进而无法持续，以至于崩溃重组。这种横跨七八十年的大周期，其驱动力本质上是人类作为碳基生物未能完全进化掉的贪婪、野心和膨胀，这些人性的弱点没有种族之分，在世界各地都有相关案例，这为达利欧的研究提供了充足的素材。

毫无疑问：美国和中国这两个全球最大的经济体是他最重要的研究标的。

中美两国当前都被宏观债务问题困扰，美国国家债务目前已达到约 36.56 万亿美元，较 2019 年的 28 万亿美元大幅增加，政府债务和 GDP 的比率接近 100%，中国的这一数字目前约为 80%。在过去的 5 年中，尽管地产等领域的杠杆率有所下降，但地方融资平台的隐性负债也无法被忽略。

尽管两国都面临债务问题，但它们的"痛点"、节奏和用来处理问题的"工具箱"大不相同。这些差异点又会给中美在各条战线上的交锋带来非常大的影响——能够缓解和"压住"债务问题的国家，将会在贸易、地缘和科技的交锋中占据主动地位；而"压不住"债务问题的国家，一定会在相关议题的争夺中被严重掣肘。

一个有意思的事实是，相比于美国，中国恐怕对达利欧的研究更加重视。早在 20 世纪 80 年代，当华尔街还对刚打开国门的中国感到陌生时，达利欧就来华访问过，并与中国金融界保持了 40 多年的友谊。因此，在当前时刻，这本《国家为什么会破产》有它独特的意义。

同样，我们应该认识到，任何一个经济体在解决重大的宏观问题时都需要一个优先级。治大国若烹小鲜。把"债"这个工具利用好，以帮助我们解决一系列压制增长中枢的中长期问题，让大债务周期平稳运行，不对社会经济造成重大冲击，甚至做出制度性创新，这需要高超的平衡技艺和改革魄力，我相信这也是未来中国宏观管理部门最重要的课题之一。

所以，作为"醒世恒言"，无论是帮助我们理解宏大叙事，还是指引我们过好关乎柴米油盐的日常生活,这本《国家为什么会破产》都值得一读。